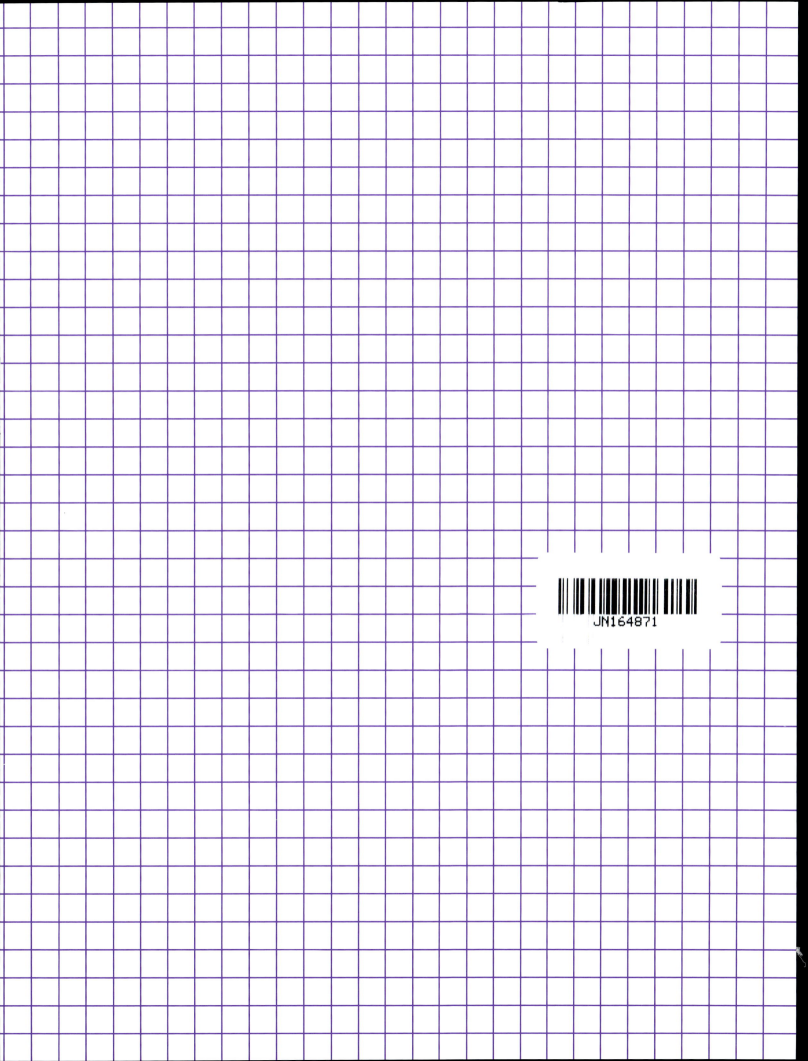

キャリア教育に活きる！

仕事ファイル

センパイに聞く

11

動物の仕事

水族館調査係
WWFジャパン職員
盲導犬訓練士
獣医師
動物保護団体職員
動物園飼育係

⑪ 動物の仕事

Contents

File No.55
水族園調査係 ……… 04
宮崎寧子さん／葛西臨海水族園

File No.56
WWFジャパン職員 ……… 10
小林俊介さん／WWFジャパン

File No.57
盲導犬訓練士 ……… 16
青木舞子さん／日本盲導犬協会仙台訓練センター

File No.58
獣医師 ……… 22
矢中雄一郎さん／関内どうぶつクリニック

キャリア教育に活きる！ **仕事ファイル**

File No.59
動物保護団体職員 ……… 28
塩見まりえさん／犬と猫のためのライフボート

File No.60
動物園飼育係 ……… 34
青栁さなえさん／よこはま動物園ズーラシア

仕事のつながりがわかる
動物の仕事 関連マップ ……… 40

これからのキャリア教育に必要な視点 11
環境から生き物について考える ……… 42

さくいん ……… 44

※この本に掲載している情報は、2018年4月現在のものです。

File No.55

水族園調査係
Tokyo Sea Life Park Staff

葛西臨海水族園
宮崎寧子さん
入園8年目 32歳

世界中の海や川から
さまざまな生き物を
集めてきます

水族館に展示されている魚や、さまざまな生き物は、水族館のスタッフが国内外の海や川で探して、運んできます。葛西臨海水族園で生き物採集を専門に働いている「調査係」の宮崎寧子さんにお話をうかがいました。

Q 水族園調査係とはどんな仕事ですか？

葛西臨海水族園で展示する生き物を集める仕事です。水族園の中で生まれる生き物もいますが、それ以外の生き物は国内はもちろん、ときには海外の海や川で採集して水族園まで運んだり、漁師さんから直接購入したりしています。これは、一般的には飼育係の仕事ですが、葛西臨海水族園では「調査係」という専門の職員によって行われます。

水族園で展示するには、その生き物が暮らしていた環境を再現する必要があります。そのため、海や川に出かけて生き物を採集すると同時に、水温や水深、まわりにどんな生き物がいるかなど、生息環境を調査し、記録するのも大切な仕事です。

また、ほかの水族館と魚を交換しあうこともあります。飼育係とも相談し、生き物を集めるための費用や、魚の数などを調整します。

関東近郊の海での生き物の採集のようす。「つかまえた生き物は、弱らないよう、ていねいに水族園に連れて帰ります」

東京湾の浅瀬を再現した展示。「生き物が暮らす環境をできるだけ忠実に再現するようにしています」

Q どんなところがやりがいなのですか？

がんばって集めた生き物の展示を見て、お客さんが生き物や自然に興味をもち、おもしろさや魅力を感じてくれたら、それがいちばんのやりがいです。

調査係はさまざまな場所で生き物を採集し、水槽を積みこんだ「活魚トラック」などで、ていねいに水族園まで運びます。海の生き物はデリケートなので、ストレスをあたえないよう、ときどき観察しながら、細心の注意をはらって運びます。お客さんが感動している姿を見ると、苦労もふきとびますね。

Q 仕事をする上で、大事にしていることは何ですか？

緊張感をもって仕事をすることを心がけています。

例えば、道具の管理をおこたると、いざというときに使えなくなってしまいます。また、採集容器のふたを開けっぱなしにしていて生き物が逃げてしまうなど、ほんの少しのミスや油断が取り返しのつかないトラブルになるのです。

ほかには、仲間や仕事の相手とのコミュニケーションを大事にしています。例えば、わからないことはすぐに経験豊富な先輩や同僚に相談します。生き物によっては、採集できる機会が1年に1回あるかどうかというものもいるので、貴重なチャンスをむだにはできません。また、採集のときは、漁師さんや現地の担当者など、多くの人に協力をお願いします。みんなの気持ちがひとつになることが、いい仕事につながると実感しています。

宮崎さんの1日

- 08:30 出社。生き物の採集の準備、デスクワーク、移動
- 09:00 現地到着、採集開始。ランチを合間にとる
- 15:30 採集終了、移動
- 16:00 採集した生き物を水族園に運ぶ
- 16:30 飼育係と打ち合わせ、デスクワーク
- 17:00 退社

Q なぜこの仕事をめざしたのですか？

小さいころから生き物が大好きで、いろいろな生き物を飼っていました。実家は徳島県のお寺で、父が住職をしていたので、生き物の命を大切に思う心は、自然と育まれていたのかもしれません。両親はよく水族館や動物園、博物館に連れていってくれて、生き物と関わる仕事に興味を抱くようになりました。世界のふしぎを紹介するクイズ番組が好きで、そのレポーターにあこがれていたことも、この仕事をめざすきっかけになったと思います。

高校生のころに、水族館や動物園、博物館などの職員になるには、「学芸員」の資格があるとよいと知りました。そこで、大学では生物学部に進み、生き物の勉強をしながら、学芸員の資格を取るための授業に出ました。

大学院では昆虫の研究に取りくんでいましたが、ひとつのテーマをつきつめていくよりも、生き物のおもしろさを広く人に伝える仕事がしたいと気がつきました。

Q 今までにどんな仕事をしましたか？

葛西臨海水族園に来る前は、青森県にあるビジターセンターで、地域の自然やレジャー情報を伝える仕事をしていました。

その後、葛西臨海水族園で募集していた長期アルバイトの採用試験を受けて合格し、教育普及係に配属されました。そこで、お客さんに展示の解説をしたり、特別支援学校や病院をまわる「移動水族館」の活動にたずさわったりしました。

昨年の夏には、調査係として初の海外出張でオーストラリア北部のダーウィンというところに出かけ、「ナーサリーフィッシュ」の採集と調査を行いました。ナーサリーフィッシュはとてもめずらしい繁殖生態をもつ魚で、産卵後、オスがおでこにある突起に卵をくっつけて、ふ化するまで守ります。自然では、にごった水の中に生息しているので、決定的瞬間を観察することは不可能です。もし水槽で産卵から卵の保護までを観察できるようになれば、画期的な展示になると思います。

「海の生き物を見るのが好きなので、仕事だけでなく休みの日にもよく海にもぐりに行っています」

教育普及係時代の宮崎さん。「目をキラキラさせる子どもたちの反応に、すごくやりがいを感じました」

Q ふだんの生活で気をつけていることはありますか？

1年を通して、いろいろな地域に出かけて採集するため、体調をくずしたりしないよう、健康管理には気をつけています。とくに睡眠は大事ですね。毎朝6時に起きるので、夜11時には寝ています。

同僚と外食することが好きなので、自炊はあまりしていません。でも、栄養がかたよらないように気をつけています。

ダーウィンでの採集のようす。川には巨大なワニがひそんでいるので、もぐるのは不可能。網を使って採集した。

・ウェットスーツとゴーグル・

・手づくりの採集網・

・防水機能付きの腕時計・

・防水機能付きのカメラ・

PICKUP ITEM

おもに水中で採集するので、腕時計と生息環境を記録するカメラは必ず防水機能付きのものを選ぶ。腕時計はこの仕事に就いたときに父親からプレゼントされた愛用の品。一般的にはつかまえないような生き物を採集するため、採集網は自分たちでつくることも。ウェットスーツ、ゴーグルは必需品。

Q 仕事をする上で、むずかしいと感じる部分はどこですか？

自然や生き物など、動きや反応を予測することがむずかしいものを相手にしているので、失敗することも多い点です。

天候が悪く、何も採集できないまま水族園にもどることになったり、生き物が急に元気がなくなって死んでしまったり、そういうときは、この仕事のむずかしさを感じますね。

でも、年間を通して、どの時期にどんな生き物が採集できるかは決まっているので、落ちこんでいる時間はありません。失敗したときは原因と対策を考えて、再度採集に出かけています。

Q これからどんな仕事をしていきたいですか？

調査係としての経験を活かして、生き物や自然のすごさを伝えたいです。

子どもたちが生き物のふしぎを自分で発見できる教育プログラムをつくったり、命や自然の大切さを伝えたりして、子どもの豊かな心を育む手伝いをしたいです。生き物や自然にふれる機会がどんどん少なくなっていくこれからの時代に、水族館に求められる役割は大きいと思います。「葛西臨海水族園があってよかった」「生き物が大好きになった」と思ってもらえる場所にしていきたいですね。

水族館の職員※になるには……

水族館で働くのに必要な資格はありませんが、学芸員やスキューバダイビング、潜水士の資格があると就職に有利になることがあります。採用数が少ないので高校や飼育係になるための専門学校、大学の生物・海洋系の学部を卒業したあと、アルバイトで経験を積む人も多いようです。また、野外に出て、生き物に接する機会を多くもつようにすれば、その経験が活かせるでしょう。

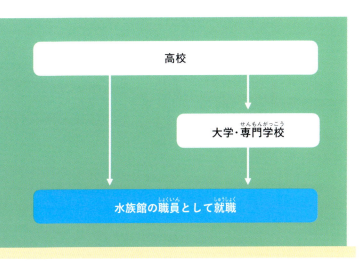

※ この本では、大学に短期大学もふくめています。葛西臨海水族園では専門の仕事として調査係がありますが、ほかの水族館では飼育係と兼任になっていることが多いです。

Q 水族園調査係になるにはどんな力が必要ですか？

何事にも根気強く取りくむ力と、前向きな姿勢が必要です。生き物が相手の仕事なので、計画がくるってしまうことや、思い通りにいかないことがたくさんあります。予定通りに物事が運ばなくても、気持ちをすっと切りかえて、がんばることができる人は、この仕事に向いていると思います。

また、調査係の仕事は、がんばった成果がすぐに目に見えるわけではありません。採集までの準備にも時間をかけますが、採集後も、飼育係が魚に病気がないか検査したり、餌付けをしたりして、じっくり新しい環境に慣れさせます。実際に展示できるまでに1か月以上かかることもあるので、すぐには結果を求めず、じっくり取りくむことが大切です。

「水族園や、自然のある場所に実際に出かけてみてください」

Q 中学生のとき、どんな子どもでしたか？

吹奏楽部でアルトサックスを担当していました。部員たちの投票で、中学3年生のときは部長に選出されました。

得意教科は英語と国語で、苦手な教科は数学と理科。でも、理科の中で生物だけは好きでしたね。生き物の図鑑ならいくらながめていてもあきませんでした。

実家がお寺だったこともあり、だれかが父のあとを継がなければ、という意識は、中学のころからすでにありました。わたしのなかでは、「弟が継がないときは、わたしが住職になってもいい。そのときは、住職をしながら生き物と関わる道を考えよう」と心に決めていたんです。自分が育ったお寺をずっと見守っていきたい気持ちもあったと思います。今は弟があとを継いで、住職になるためにがんばっています。

宮崎さんが部長をつとめた吹奏楽部の文化祭での演奏のようす。

宮崎さんの夢ルート

- **小学校 ▶ 動物園・水族館の職員**
  遺跡や考古学にも興味があったが、生き物に関わる仕事にあこがれていた。

- **中学・高校 ▶ 住職、生き物に関わる仕事**
  実家のお寺を継ぎながら生き物と関わる仕事ができないかを考えはじめる。大学は生物学部に進学。

- **大学・大学院 ▶ 水族館の職員**
  生き物の研究をしていたが、人と関わり、生き物の魅力を伝える仕事に就きたいと思うようになる。

葛西臨海水族園のパンフレットや広報誌。自分で文章を書くなど、国語力は現在でも役に立っている。

Q 中学のときの職場体験は、どこに行きましたか？

中学2年生のときに3日間、友人とふたりで個人経営のパン屋に体験に行きました。先生が出した候補の中から、「おいしいパンが食べられそう」という単純な理由で選んだ職場だったと思います。

初日はパン屋の仕事について話を聞いたり、パンづくり体験をさせてもらったりしました。2日目からは、焼きあがったパンを店頭に運んで、棚にきれいに並べたり、お店のそうじをしたり、お客さんの前に出て接客をしたりしました。

Q 職場体験では、どんな印象をもちましたか？

パンを店頭に運んだときのことが印象に残っています。焼きたてのパンは熱くて重たいのですが、落としたら責任重大だし、「○○パン、焼きたてでーす！」と大声を出すのもはずかしくて、最初のうちはものすごくドキドキしていました。

でも、だんだん慣れてくると、できるだけお店の売り上げに貢献したいという気持ちが芽生えてきました。そして、どうやったらお客さんが買ってくれるかを考えて行動するようになりました。お客さんの前では笑顔を絶やさず、はきはきと明るい声を出すようにして、自分なりに工夫したのを覚えています。

エプロンと帽子を身につけて、職場体験のレポートを発表する宮崎さん（右）。

Q この仕事をめざすなら、今、何をすればいいですか？

展示のために採集するといっても、生き物にはそれぞれ命があります。自然や生き物に対して、すごいな、ふしぎだなと、うやまう気持ちをもってほしいです。

また、生き物への探究心や好奇心も大切ですね。可能なら、ぜひ家で生き物を飼って、世話をしたり、生態を観察したりしながら、大切に育ててみてください。きっといろいろな発見があると思います。

将来の夢を聞かれたときに、自分が思っていることを、はっきりと口に出せるようにすることが夢を引きよせるコツです。しっかり宣言することで、みんなにも覚えてもらえるし、自分自身も夢に向かって努力するようになりますよ。

> 自分が集めてきた生き物でお客さんが感動してくれるそれが幸せなんです

－ 今できること －

ふだんの暮らし

水族館の職員は生き物をただ展示するだけでなく、その生き物が暮らしていた環境を水族館の水槽の中でできるだけ再現する必要があります。散歩や旅行で川や海にでかけたら、水温・水深、どんな草木が生えているかなど、まわりのようすをよく観察し、どんな生き物がどんな生育環境にいるのかを調査・分析しましょう。水族館に行ったときは、「この生き物はどこからやってきたのだろう」と興味をもって見ると、水族館の職員の仕事がイメージできるでしょう。

国語 仕事仲間だけでなく、採集に行った先の漁師さん、お客さんなど、多くの人と関わる仕事です。コミュニケーション力をきたえましょう。

理科 それぞれの生き物に合わせて世話をする必要があります。そのために、生き物のからだの仕組みなどを勉強しましょう。

体育 海にもぐったり、からだを動かしたりすることが多い仕事です。運動をして、体力をつけましょう。

英語 世界中の海や川に採集にでかけるので、英会話は必須です。また研究する際には、英語の論文を読む機会が多いので、英文の読解力も必要です。

File No.56

WWF ジャパン職員
WWF JAPAN Staff

WWFジャパン
小林俊介さん
6年目 29歳

オランウータンやゾウが暮らすボルネオ島※の森を守ります

人間による環境破壊で、地球上の多くの生き物が住む場所を失い、絶滅の危機にひんしています。生き物が暮らす森林、そして地球の環境を守るべくWWFジャパンの職員として森林保全の仕事をしている小林俊介さんにお話をうかがいました。

用語 ※ボルネオ島 ⇒カリマンタン島とも。東南アジアの島で、インドネシア、マレーシア、ブルネイが領土をもつ。

Q WWFジャパン職員とはどんな仕事ですか？

WWFは、世界約100か国以上で自然環境の保全に取りくんでいる団体です。豊かな自然を守りながら、人間と野生生物がいっしょに暮らしていける環境づくりに取りくんでいます。ぼくはWWFジャパンの自然保護室森林グループに所属し、大きくふたつの業務を担当しています。

ひとつ目の仕事は、森林を守ることです。木材、紙、パーム油など、日本が多くの原材料を輸入しているボルネオ島の森は、環境や野生生物への配慮のない無計画な伐採によって急速に減少しています。森がなくなると、オランウータンやゾウなど、ここで暮らす野生生物たちは生きていくことができません。かといって、伐採をやめると、現地の人たちが仕事を失ってしまいます。また、わたしたちも、木材で家を建てたり、紙製品をつくったり、パーム油で食べ物を生産したりすることができなくなります。森林を大切に管理しながら、将来に渡って利用しつづけられる仕組みを考え、現地スタッフや地域の人々とともに活動しています。

ふたつ目の仕事は、日本国内で、環境に気を配った商品を買ってもらえるようすすめることです。森林に負担をかけず、環境を守りながら調達された木材やパーム油を優先的に購入するよう、企業などに働きかけています。

Q どんなところがやりがいなのですか？

ぼくは、東南アジアにあるボルネオ島の森林保全を担当しています。1年のうち約3か月は現地で生活します。さまざまな生き物が生息するボルネオ島の豊かな森と、いつも温かくむかえてくれる現地スタッフや地域の人たちは、ぼくにとって、大切な宝物です。

自分が心から大切に思っているものを未来に残し、みんなが笑顔でいられる環境をつくるため、保全活動に直接取りくめることは、大きなやりがいですね。

ボルネオ島で、FSC®認証※の森の状況を確認する小林さん。

活動内容の紹介記事を書く小林さん。WWFの活動への理解を深めるための大切な仕事だ。

WWFの活動内容を広めるためのアイデアについて打ち合わせ。「むずかしい話をわかりやすく伝えようと知恵をしぼっています」

小林さんの1日（海外）

- 06:30 起床。朝食をとり、調査の準備
- 07:30 調査へ出発
- 12:30 移動中に昼食をとる
- 16:00 現地のWWF拠点へもどる。後片付けをして、少し休憩を取る
- 17:30 夕食。その後、現地スタッフたちとの議論
- 20:00 WWFジャパンへの報告書類作成やメールチェック
- 22:00 その日の仕事を終える

用語 ※FSC®認証⇒適切な管理が行われている森林や、そうした森林から切りだした木材でできた製品にあたえられる国際認証。

Q 仕事をする上で、大事にしていることは何ですか？

相手を尊重し、話をきちんと聞くことです。ぼくたちＷＷＦが現地の人たちに提案するアイデアや方法が、いっしょに活動をする企業や現地の人たちの考えと一致しないこともあります。

ＷＷＦの要求を押しとおそうとすると、サポートしてくれる企業の利益が減ることもあります。そんなときは、まず相手の話に耳をかたむけ、その上で、「今ここで自然に配慮することが、将来の長期的な利益につながります」と、こちらの意見を伝えます。おたがいが納得できるような解決策を探り、理解を深める努力をしています。

Q なぜこの仕事をめざしたのですか？

子どものころから、恐竜や、大型の哺乳類に興味があったので、高校で進路を考えたとき、生物学を学べる大学に入学しました。大学時代は、研究のため、ボルネオ島に１年ほど滞在し、森林や生き物を調査しました。

初めてボルネオ島を訪れたとき、ぼくは目の前に広がる光景にショックを受けました。ボルネオ島の豊かな森林があちこちで無残に切りたおされ、代わりに大規模なアブラヤシ農園がどこまでも広がっていたのです。アブラヤシの果肉やタネをしぼって得られるパーム油は、世界でもっとも多く生産されている植物油です。マレーシアとインドネシアの２か国で全生産量の85％以上を占めていて、この生産を支えるための無計画な農園開発が、森を失う原因になっていました。それ以来、「自然を残し、野生動物を守るために、自分に何ができるだろう？」と考えるようになりました。

森を切りひらいてつくられた広大なアブラヤシ農園。「この光景を初めて見たときは本当にショックでした」

Q 今までにどんな仕事をしましたか？

ボルネオ島にあるウルセガマ森林保護区の森林再生活動に取りくみました。ここには、ボルネオオランウータンという、絶滅の危機にある類人猿が生息しています。しかしボルネオオランウータンの個体数はアブラヤシ農園の拡大や森林破壊、密猟などにより、年々減少しています。

ＷＷＦジャパンでは、日本企業からの資金サポートを受けて、ＷＷＦマレーシアとともにボルネオ島で約1000ヘクタールの植林を行い、その後２年間、維持・管理を続けました。森は少しずつ回復し、今では新たに植えた木をボルネオオランウータンが利用しているようすも観察されています。

また、ボルネオ島の北カリマンタン州では、エビの養殖池の開発が無計画に行われ、海岸沿いの自然破壊が進んでいます。こうした養殖の改善をめざした活動もしています。

ボルネオ島では、小林さん自身も植林を行った。「そのとき植えた木が、今ボルネオオランウータンのすみかになっています」

消音イヤホン

手帳とペン

一眼レフカメラ

PICKUP ITEM

消音機能のあるイヤホンセットは出張先でぐっすりねむるための必需品。現地のようすは一眼レフカメラでとらえる。手帳とペンはコンパクトなものを愛用。

Q 仕事をする上で、むずかしいと感じる部分はどこですか?

自然保護の仕事は、自分たちの思いだけでは前に進まないということです。絶滅の危機にある動物をすぐに助けたくても、その国の法律や慣習によっては、すぐに活動できないことがあります。目の前で森林が破壊されていくのに何もできないような状況のときなど、無力感を感じ、絶望的な気持ちになることもあります。気持ちが折れてしまわないように、それでも大切なものを守りたいという、強いこだわりや熱意がないとむずかしいなと思います。

それから、海外で仕事をしていると、日本人はまだまだだなあ、と感じることもあります。例えば、欧米人には「自分たちの生活が自然環境に悪い影響をあたえてはいけない」と、ふだんの買い物でも環境に優しい品物を選ぶ意識が高いです。いっぽう、日本人は、製造過程はあまり重視せず、安価な商品を選びがちです。値段が安いことは確かに魅力的ですが、その裏に何があるのか、考えてほしいと思います。

現地でのミーティングのようす。集まっているのは現地のWWFスタッフのほか、木材を生産する企業や周辺の村に暮らす住民など。

Q ふだんの生活で気をつけていることはありますか?

体調管理にはかなり気をつかっています。この仕事は海外への出張が多く、長時間のフライトや移動は体力を使います。また、日本とはちがった文化や気候の中で生活することも多いです。だから、ふだんからきちんと睡眠をとり、休日にはジムに行って、健康を維持しています。

それから、出張の荷物で絶対に忘れてはいけないのが虫刺されの薬です。ボルネオ島のジャングルの中を歩いていると、日本では見たことがない虫に刺されたりします。現地のスタッフはあまり虫に刺されないのに、なぜかぼくだけはよく刺されちゃうんですよ。

Q これからどんな仕事をしていきたいですか?

逆説的な話ですが、ぼくたちの活動が本当にうまくいけば、この仕事はいらなくなるんです。究極の目標は、もちろんそうなってくれることです。とはいえ、それはぼくが生きている間にはむずかしいかもしれませんね。

それまでは、ずっとこの仕事を続けたいです。今は、日本と現地を行き来して、プロジェクトの取りまとめ役をしていますが、いずれは、現地スタッフのように、自分の足でジャングルを歩いて調査したり、相手と交渉したりといった主体的に活動する仕事を中心にしてみたいですね。

また、それまでの経験を活かして、世界の実情を多くの人に伝えることや、自然保護にたずさわる人材を育てることも、のちの自分の役目だと思っています。

WWFジャパン職員になるには……

WWFジャパンでは、職員の募集を不定期に行っています。また、募集がある場合も、そのタイミングで求められている職種によって、必要な学歴や知識、専門技能はちがいます。自然環境を保護したい、絶滅の危機にひんしている動物たちを救いたいという思いをもちつづけながら、こまめにウェブページをチェックし、チャンスを待ちましょう。

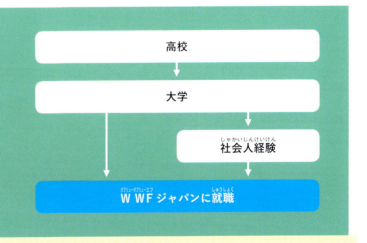

高校 → 大学 → 社会人経験 → WWFジャパンに就職

Q WWFジャパン職員になるにはどんな力が必要ですか？

まずは語学力です。英語ができなければ、仕事になりません。簡単な会話が不自由なくできるというだけでなく、現地のスタッフと議論ができるくらいの英語力が求められます。

それから、相手の求めているものや気持ちを理解した上で、最善の方法を考える力も必要です。自分の理想を押しつけるだけでは、話し合いが前に進まないからです。

「ボルネオ島のWWFオフィスの前で。『森林を取りまく状況はきびしいですが、みな前向きに活動しています』」

「WWFジャパンスタッフと。『同じ志をもつ仲間と協力して取りくんでいます』」

Q 中学生のとき、どんな子どもでしたか？

バスケットボール部に入り、朝も、放課後も、土日も、ひたすら部活に夢中の毎日でした。猛練習のおかげで、中学2年生のときには県の大会で3位になりました。いつもバスケのことばかり考えていたので、将来の仕事などについては考える余裕がなかったですね。

中学時代の得意科目は、英語、国語、理科です。本を読むのが好きで、当時流行していた「ハリー・ポッター」シリーズをはじめ、ファンタジー系の小説をドキドキしながら楽しんでいました。今は、小説よりも、自然保護にまつわる論文や、英語で書かれたレポートなど、むずかしい文章を読むことが多いのですが、中学時代に活字にふれることが好きになっていたおかげか、苦にならないです。本を読むだけでなく、文章を書くことも好きだったので、その力は今、自分たちWWFの活動をブログやレポートで報告するときにも役立っています。

小林さんの夢ルート

- **小学校 ▶ 考古学に関する仕事**
  恐竜が大好きで、考古学者にあこがれた。

- **中学校 ▶ とくになし**
  部活に夢中で将来のことはあまり考えなかった。

- **高校 ▶ 生物にかかわる仕事**
  大型哺乳類に興味があり、生物学、獣医学、医学で迷ったが、最終的に生物学を選んだ。

- **大学・大学院 ▶ 自然や生物を保護する仕事 → WWFジャパンの職員**
  研究でボルネオ島を訪れ、森林破壊の現状にショックを受ける。大学院時代、野生動物研究センターに所属していたときに職員募集を知り、応募条件に満たないものの「ボルネオ島の森を守りたい」という熱意を伝え、採用された。

バスケットボール部の試合中のようす。右が小林さん。

Q 中学のときの職場体験は、どこに行きましたか？

学校から提示されたリストの中から、近所にある電気店を選び、友だちとふたりで体験に行きました。エプロンをつけて店頭に立ち、「いらっしゃいませ」とお客さんに声をかけたり、エアコンの修理や電球交換の依頼があった家にいっしょに行って、店長さんの作業を補助したりしました。

ぼくにとって、接客は初めての経験だったので、とても新鮮でした。最初は緊張しましたが、少しずつ笑顔で声をかけられるようになったと思います。数日間体験して、最終日には、記念に接客で使ったエプロンをもらって帰りました。

地元に根付いた、個人経営のお店だったので、お客さんは顔なじみの常連さんばかりのようでした。店長さんが、お客さんひとりひとりの顔を見ながら、「元気そうですね」「エアコンの調子はどうですか？」などと声をかけているのを見て、お店のご主人がお客さんを大切にしていることが伝わってきました。自分が大切だと思う相手のために仕事をするのは幸せなことなんだと感じましたね。

Q この仕事をめざすなら、今、何をすればいいですか？

ぼくは大学時代に、国内外のさまざまな自然とふれあい、「この仕事以外は考えられない！」と思えるほど、自然が大好きになりました。ぜひ、みなさんも、いろいろな体験をする中で、自分のいちばん大切なものを見つけてください。

ぼくたちの仕事は、将来、ちゃんと世界の森や自然が守られるようになれば、必要なくなります。ぼくたちが残したいのは、この仕事でなく、豊かな自然や野生動物です。そんな未来にするために、みなさんが今できること――例えば店で商品を選ぶとき、それが森を守りながらつくられているかどうか、環境に配慮した「認証マーク」※がついているのはどんな商品か――を考えてみてほしいです。

中学時代の小林さん。多くの友人に恵まれ、充実した毎日だった。

究極の目標はこの仕事が必要なくなることなんです

- 今できること -

ふだんの暮らし

WWFジャパン職員の仕事では、立場のちがう人たちと交渉し、力を合わせていっしょに同じゴールをめざす必要があります。クラスや部活で話し合いをするときには、どうすれば自分の思いが相手に伝わり、受けいれられるかを考えてみましょう。また、クラスの仕事などは積極的に引きうけ、やりとげましょう。

地球環境や生き物についての知識や関心を深めておくことも大切です。図書館の本やドキュメンタリー番組などにふれる機会をもちましょう。

国語 報告書を書いたり、活動内容をブログで発信したりするために、語彙力や表現力を身につけておきましょう。

社会 買い物をするときは、環境に配慮した商品の証である「認証マーク」に気をつけて見てみましょう。

理科 保護をする生き物のからだの仕組みや植物の育ち方など、理科で学ぶ基礎知識が役立ちます。

体育 海外での現地調査の仕事はかなりハードなものになります。それに耐えられるだけの体力をつけましょう。

英語 外国で仕事をするときには、英語力は必須です。読み書きだけでなく、話す・聞く力も身につけていきましょう。ALTの先生に積極的に話しかけるのもおすすめです。

用語 ※認証マーク⇒品質や性能、安全性の基準に合格した商品やサービスのみにあたえられるマーク。FSC®認証マークやエコマークなどさまざまなマークがある。

File No.57

盲導犬訓練士
Guide Dog Trainer

日本盲導犬協会
仙台訓練センター
青木舞子さん
10年目 30歳

視覚障がい者の
安全な歩行のために
盲導犬を育てます

視覚障がい者の生活を助ける盲導犬。その訓練をしているのが、盲導犬訓練士です。日本盲導犬協会の仙台訓練センターで、盲導犬の育成と盲導犬ユーザー※への指導をしている、青木舞子さんにお話をうかがいました。

Q 盲導犬訓練士とはどんな仕事ですか？

　盲導犬訓練士は、生後1年ほどの犬を訓練して、一人前の盲導犬として育てあげていく仕事です。盲導犬に必要な行動は20種類以上もありますが、半年から1年間くらいかけて、それらをひとつひとつ教えていきます。

　わたしは、同時に5～6頭の犬を担当しています。それぞれの犬に合った教え方を日々工夫しながら、正しい作業、状況を判断する方法などを教えていくのです。

　盲導犬訓練士の仕事は犬に「角を教える」「段差を教える」「障害物を教える」など、盲導犬の作業を教えたところで終了ですが、わたしはそれに加えて盲導犬歩行指導員の資格ももっています。こちらは、視覚障がい者に盲導犬との歩行や生活を教える仕事です。

　盲導犬ユーザーになるには、まず「共同訓練」といって、訓練センターで1か月、盲導犬との共同生活をします。歩行はもちろん、犬の世話や健康管理の方法など多くのことを覚えてもらい、きずなをつくり、人と犬のどちらも安全に不安なく暮らせるようにするためです。

　また、共同訓練のあとも、定期的に盲導犬ユーザーを訪問し、困ったことやわからないことがないかなど、盲導犬との暮らしをサポートしていきます。

Q どんなところがやりがいなのですか？

　盲導犬と出会って盲導犬ユーザーの人生が明るく、幸せな方向へ変わっていくのを見られることです。失明して以来、ひとりでは外出もできず、ふさぎこみがちだったという盲導犬ユーザーが、盲導犬と出会うことで外を歩けるようになり、表情が明るくなっていく。それを目の前で見られるのは、この仕事の大きな魅力です。

　盲導犬ユーザーのみなさんから、新しい人との出会いなど、人生がより豊かになった話を聞かせてもらうと、本当にこの仕事をやっていてよかったと思います。

訓練センターの一室。低い机やごみ箱など一般家庭と同じような環境をつくり、生活に慣らしていく。いたずらなどせずにおだやかに過ごすことを教えていく。

定期的に盲導犬ユーザーを訪問して困ったことがないかなどを確認。訓練期間中がなつかしく楽しい時間でもある。

センター内での盲導犬の訓練のようす。「センターの敷地内で、犬に基本的な進み方や作業の仕方を教えます」

青木さんの1日

09:00　出社、朝礼
▼
10:00　事務作業
▼
10:30　センター内で犬の訓練
▼
11:00　市街地での訓練
▼
12:30　休憩
▼
13:30　センター内で別の犬の訓練
▼
14:30　市街地での訓練
▼
16:30　犬のグルーミング（からだの手入れ）、事務作業など
▼
18:00　退社

用語　※盲導犬ユーザー⇒盲導犬と暮らす人のこと。原則18歳以上の視覚障がい者で、訓練を受けるとなることができる。

Q 仕事をする上で、大事にしていることは何ですか？

1頭1頭の犬に合わせた対応を心がけています。

人間と同じように、犬も1頭ごとにまったくちがう個性をもっています。訓練をしていて、うまくいかないときほど、その犬のようすをしっかりと観察し、何を求めているのか理解しようとつとめています。ある犬に対してはうまくいった訓練の方法が、ほかの犬にも当てはまるとは限りません。喜ぶほめられ方もちがいますし、作業を覚えるスピードもまちまちです。

また、盲導犬と盲導犬ユーザーとの相性も大事です。面談を重ね、人と犬、両方の性格を見極めた上で、最適なパートナーと出会えるように力をつくしています。

市街地（交差点）での訓練のようす。「犬は色の区別ができません。盲導犬ユーザーが、音など周囲の情報から信号の色を判断するんです」

車に慣れることも大切な訓練のひとつ。「盲導犬は、車の座席ではなく足元にのって移動します。乗り物酔いをしやすい犬もいますが、だんだんとからだを慣らしていきます」

Q 今までにどんな仕事をしましたか？

日本盲導犬協会付設盲導犬訓練士学校で3年間学び、そのまま今つとめている協会に就職しました。盲導犬訓練士として神奈川県横浜市の神奈川訓練センターで1年、静岡県富士宮市にある日本盲導犬総合センターで3年働き、現在の仙台訓練センターに異動してきて5年目になります。

盲導犬を訓練するだけでなく、盲導犬が盲導犬ユーザーと生活するところまで見届けたいとの思いから、盲導犬訓練士3年目のときに、盲導犬歩行指導員の資格も取りました。

今は、仙台訓練センターの訓練部リーダーとして、盲導犬の訓練、共同訓練といった通常の仕事に加えて、パピーウォーカー※との相談や指導、訓練士全体のリーダーとしての仕事もしています。また、国内外で開かれる国際盲導犬連盟（IGDF）のセミナーに出席したり、海外の盲導犬協会を視察したりする仕事もあります。

Q なぜこの仕事をめざしたのですか？

わたしの高校は進学校で、同級生はみな「これがやりたいから、大学ではこの学部に行く！」と目標を定めていました。そんななか、わたしは将来の目標が見つけられず、やりたいこともないのに進学することに疑問を感じていました。

そんなときにたまたまインターネットで盲導犬訓練士学校の募集を知ったのです。高校2年生の終わりごろでした。以前から人の役に立てる仕事をしたいと思っていたわたしは、「これだ！」と。運命を感じて、決意が固まりました。

「大学に行かない」と伝えると、親や先生はおどろきました。でも、わたしには少しの迷いもありませんでした。高校3年生の夏には願書を出し、12月には無事、盲導犬訓練士学校への進学が決まりました。

2014年の国際盲導犬連盟東京大会で、英語でスピーチをする青木さん。「もっと英語の勉強をしておけば……と思いましたね」

用語 ※ パピーウォーカー ⇒ 盲導犬候補の子犬を10か月ほど自分の家で育てるボランティア。子犬を人間との生活に慣れさせ、人間に対する親しみと信頼感をもたせる。

Q 仕事をする上で、むずかしいと感じる部分はどこですか？

むずかしいと同時にやりがいでもあるのですが、この仕事には正解があるわけではないというところです。
盲導犬ユーザーとの共同訓練でも、性格に合わせたやり方で訓練をしたり、伝え方を変えたり、計画を見直したりしています。盲導犬訓練士になって10年目ですが、それでも毎日が試行錯誤の連続です。

1日の訓練を終えた犬のグルーミング。「外出時以外は家で過ごすので、盲導犬のからだはとくに清潔に保つ必要があります」

Q ふだんの生活で気をつけていることはありますか？

年代がちがう盲導犬ユーザーとの話題づくりのために、その世代で流行した映画やマンガ、本などを調べます。
また、年配の方との会話では、文学や歴史などの知識も大切です。わたしは、高卒で働きだしてから、自分の知識や人生経験の少なさを痛感しました。そこで20歳のとき、通信制の大学に入学したんです。働きながら勉強するのは大変でしたが、8年半かけてやっと卒業できました。
ほかには、屋外での歩行訓練が多いので、天気予報をこまめにチェックします。また、とくに共同訓練の前などには、ケガや体調の管理には人一倍気をつかっています。

Q これからどんな仕事をしていきたいですか？

今、日本で盲導犬になっている犬は、ラブラドールレトリーバーかゴールデンレトリーバーが大半ですが、ほかの犬種も育成してみたいですね。例えば、アメリカではシェパードの盲導犬もいるんですよ。
それから、目が見えなくて耳も聞こえない人、目が見えなくて車いすの人など、重複障がいの人にも、盲導犬と歩けるチャンスをつくれないかと考えています。盲導犬を通して世界を広げられる人を、もっと増やしていきたいんです。

PICKUP ITEM

盲導犬の体には、ハーネスという胴輪がつけられ、そこに棒状のハンドルをつける。棒状のハンドルは盲導犬の動きが人に伝わりやすい。ハーネスをつけると、盲導犬は「仕事の時間」になる。

盲導犬のハーネス

盲導犬訓練士になるには……

盲導犬訓練士になるには、日本盲導犬協会をはじめとする盲導犬関連の団体に入って、犬の生態や訓練の方法、関連する法律など、さまざまな専門知識・技能を身につける必要があります。盲導犬訓練士の募集枠は少なく、また、毎年募集があるとは限りません。そのため、大学や社会人などを経験してから盲導犬訓練士をめざす人も多いようです。

高校 → 大学・短大 → 育成団体・盲導犬訓練士学校 → 盲導犬訓練士

※日本盲導犬協会は2022年度より、協会職員として働きながら、訓練士養成学校で学ぶという制度に変更になります。

アメリカの盲導犬協会を視察に行ったときの1枚。日本では盲導犬としては数が少ない、ジャーマンシェパードの盲導犬と。

Q この仕事をするには どんな力が必要ですか？

人とのコミュニケーション能力がとても大事です。盲導犬ユーザーやその家族とのコミュニケーションはもちろんですが、1頭の盲導犬がデビューするまでには、パピーウォーカーをはじめとするボランティア、協会スタッフなど、さまざまな立場の人が関わっています。それぞれの人の思いを受け止めつつ、盲導犬と盲導犬ユーザーの幸せという目標に向かって、さまざまな調整をしています。

青木さんの夢ルート

小学校・中学校 ▶ とくになし

花屋、パティシエール、獣医師など、将来の夢は聞かれるたびにちがっていた。

▼

高校 ▶ 盲導犬訓練士

たまたまインターネットで知った盲導犬訓練士の仕事に興味をもち、「これしかない！」と目標が定まる。

Q 中学生のとき、どんな子どもでしたか？

部活のバレーボールに夢中でした。弱小チームでしたが、活動はすごくきびしくて、土日も休みなく練習がありました。顧問の先生から、やる気のない態度をしかられたのを覚えています。それでも必死に練習に食らいつき、1年生からセッターのレギュラーに。3年生のときには部長もつとめました。おかげで、つらいことにも耐えられる根性や、いざというときには前に出られる度胸がついた気がします。

先輩や顧問の先生がたたきこんでくれた礼儀作法も、社会に出てみたら大事なことで、今になって感謝しています。

また、中学2年生のときに、初めて視覚障がい者と身近に接する機会がありました。総合学習の時間に点字を勉強して、点字で自作の詩を書いてプレゼントしたのです。それ以来、道にある点字ブロックやエレベータなどの点字の表示に興味をもつようになりました。

わたしは高校2年生のときに盲導犬訓練士の仕事を知りました。中学のときの点字を学んだ経験がなければ、この仕事に興味をもって、自分の仕事にしようとは考えなかったかもしれません。

中学時代の青木さん。バレー部での背番号は1。下は、部活でひじやひざを痛めたときに手放せなかったサポーター。

修学旅行で行ったテーマパークで友人と撮影した1枚。青木さんは左。

Q 中学のときの職場体験は、どこに行きましたか？

「アクティブ２DAYS」という名前の職場体験があって、近所の商店街にある個人経営の靴屋さんに、友だちとふたりで行きました。店内に掃除機をかけるなど、簡単なお手伝いが中心でした。売り物の少し高い紳士靴をみがく仕事もやらせてもらいました。もし傷をつけたら商品をだめにしてしまう……と、緊張しながらみがいたのを覚えています。

最終日には、足に合った靴を見立てる「シューフィッター」の資格をもつ店長さんが、足を計測して、靴選びのアドバイスをしてくれました。

店長さんは、優しいおじさんでした。でも、靴のことになると職人の顔つきになりました。お客さんの靴を調整したり、足を計測したりするときには、表情がちがっていたのです。プロの迫力を感じ、すごくカッコよく見えましたね。

「確かな技術を身につけ、自信をもっている人はすごい！わたしも将来は何かのプロになりたい」と思えた体験でした。

Q この仕事をめざすなら、今、何をすればいいですか？

盲導犬ユーザーひとりひとりの人生に寄りそう覚悟と思いやりが必要な仕事です。自分の両親や、ときには祖父母のような年齢の方と接することも多いので、礼儀が大事ですね。近所のイベントに参加したり、お年寄りと話をしたりして、付きあう人のはばを広げておくと、役に立つと思います。

それから、年配の盲導犬ユーザーと話すときなど、「もっと勉強をしておけばよかった」と思うことも多いです。歴史や地理、国語など、学校の勉強はしっかりやっておいた方がよいです。あと、読書も知識を広げてくれますね。

わたしの場合は部活でしたが、勉強でも、何か別のことでも、本気で挑戦すれば得られるものがあると思います。

緊張しながら紳士靴をみがく青木さん（手前）。

盲導犬訓練士の仕事に正解はない　毎日試行錯誤のくりかえしです

－ 今できること －

ふだんの暮らし

盲導犬訓練士は、犬と接するのと同じくらい、人とのコミュニケーションが大切な仕事です。まわりの人の気持ちを思いやることを心がけましょう。また、部活の先輩や学校の先生など、目上の人と話すときには、正しい敬語を意識してみましょう。

もし自分の家で犬を飼っていたら、これまでよりももっと心をこめて世話をしたり、犬のようすを観察したりしてみましょう。また、学校で育てている生き物がいたら、飼育係を引きうけてみるのもよいでしょう。

　国語　視覚障がい者とのコミュニケーションでは、言葉はより重要になってきます。正しく誤解なく伝えることができる語彙力や表現力を身につけましょう。また、話題になりそうな文学作品は読んでおきましょう。

　社会　世の中の動きや日本の歴史、地理など、社会の授業で学ぶ内容は、盲導犬ユーザーとの話題になることが多いです。ニュースもチェックしておきましょう。

　体育　盲導犬の訓練は屋外で行われることも多く、犬とともにたくさん歩きます。体力づくりをしておきましょう。

　英語　盲導犬への命令には、英語を使います。基礎的な単語力が必要です。

File No.58

獣医師
Veterinarian

関内どうぶつクリニック
矢中雄一郎さん
4年目 27歳

小さな「家族」の命をひとつでも多く救いたい

獣医師は、病気やケガをした動物の治療をしたり、病気の研究や食品の安全性を検査したりする仕事です。動物病院の獣医師は、犬や猫などのペットの診療にあたっています。関内どうぶつクリニックの矢中雄一郎先生にお話をうかがいました。

Q 獣医師とはどんな仕事ですか？

獣医師といえば「動物病院で働くお医者さん」を思いうかべる人が多いと思います。しかし実際には、水族館や動物園で暮らす生き物を診察する獣医師、牛や馬、ニワトリなどの家畜を診察する獣医師、公務員として食肉や動物の管理を任され、安全性の検査をする獣医師など、さまざまな種類の獣医師がいます。

動物病院では、おもに病気やケガをしている動物たちを診察し、それぞれの症状に合わせて治療や手術をします。また、日ごろの健康診断も行います。動物たちは人間の言葉が話せないから、「お腹が痛い」「足が痛い」と伝えることができません。それに、動物は本能的に具合が悪いことをかくすので、飼い主が気づいたときには病気が進んでいた、ということもあります。定期的にからだのチェックをすることで、早い段階で病気を発見することができます。

「担当する動物に対しては、ていねいに向きあい、責任をもって治療にあたります」と矢中さん。

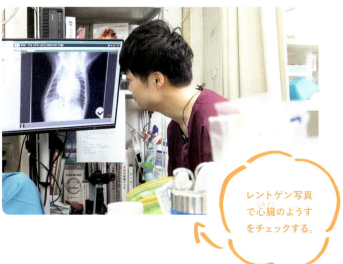

レントゲン写真で心臓のようすをチェックする。

Q どんなところがやりがいなのですか？

動物たちの病気やケガを治すことができたときは、それまでの苦労が一瞬でふきとぶほどの喜びを感じます。具合が悪そうにぐったりしていた動物が、元気になって飼い主のもとにもどるときのようすや、そのときの飼い主の笑顔を見るのもうれしいです。

「先生に診てもらえてよかった」と言ってもらえると、自分のことがほこらしく思えます。

Q 仕事をする上で、大事にしていることは何ですか？

飼い主が家族同様に大事にしている動物を診察している、ということを意識して、日々仕事に向きあっています。治療や手術をする相手は動物ですが、動物病院では、飼い主とのコミュニケーションもかなり重要です。

とことん治療をしてほしいと願う人、高齢なのでなるべく負担をかけないでほしいと考える人など、飼い主によって考え方はちがいます。それぞれの気持ちをしっかり受けとめ、ペットのために何をするのがいちばんよいのかを、いっしょに考えながら診察します。獣医師と飼い主が同じ方向を向いていることが大切なんだと思います。

矢中さんの1日

- 08:20 出勤
- 08:30 ミーティング、入院動物の世話、診察の準備
- 09:00 午前の診察
- 13:00 手術・検査
- 15:00 休憩
- 16:00 午後の診察
- 19:00 手術
- 21:30 退勤

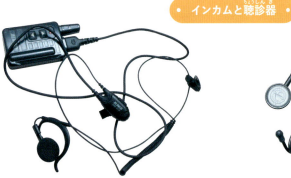

・インカムと聴診器・

PICKUP ITEM

（左）診療中や緊急時にもスタッフ全員に情報が行きわたるように、マイクとイヤホンが付いたインカムはつねに身につけている。
（右）動物の心臓や肺の音を聴くための聴診器。通常の聴診器と小児科用の小さいものを使いわけている。

Q なぜこの仕事をめざしたのですか？

　中学3年生のときに、初めて猫を飼ったのがきっかけです。小学生のころからずっと飼いたいと思っていて、ようやく母からOKが出たんです。その子に「大輔」という名前をつけ、かわいがって育てていたのですが、ある日「猫伝染性腹膜炎」という治療法のない病気だと言われました。そして、1か月もしないうちに、大輔は亡くなってしまったんです。この世に生まれて、たった8か月の命でした。

　大輔を助けてあげられなかったことがくやしくて、当時は涙が止まりませんでした。そして、ぼくのように、大切なペットを亡くして悲しむ人を、少しでも減らすことができたらと考え、獣医師をめざすことにしました。

Q 今までにどんな仕事をしましたか？

　大学では、病気の原因となる微生物を研究していました。最終的には動物病院の獣医師になることが目標でしたが、猫の大輔の命をうばった病気のことを、どうしても自分自身で研究したかったんです。はば広い分野を勉強しましたが、病院の仕事に必要なことは、就職してから身につけましたね。

　当院に就職して1年目は、まず動物看護師として仕事をしました。例えば、院長が動物の血を採ったり、ツメを切ったりするときに、保定（動物のからだをしっかり固定すること）に入ったり、手術の補助をしたりして、問診や飼い主への説明の仕方やどんな検査をすすめるのかなど、ひとつひとつ学んでいきました。半年たったころから診察や手術を担当するようになり、2年目からは一人前の獣医師として診察も手術も行うようになりました。

　また、当院では獣医師それぞれが自分の研究テーマをもっています。1年目の冬には学会に出席して発表する機会もありました。診察を通して得られたデータをもとに研究をして、将来の獣医療に役立つように努力しています。

矢中さんが獣医師になるきっかけになった猫の大輔くん。

今でも猫が大好きな矢中さん。クリニックで飼っている猫は仕事の疲れを癒やしてくれる存在。

大学時代に参考にした論文の一部（上）。犬のリンパ腫の研究について学会で発表したときのようす（右）。

Q 仕事をする上で、むずかしいと感じる部分はどこですか？

飼い主とのコミュニケーションです。飼い主に、ペットの病気について説明したら、急に泣きだしてしまったり、伝えたいことがうまく伝わっていなかったりすることがあります。「もっとこう言うべきだったな」と反省することがたくさんあります。

また、当院のような一般的な動物病院では、内科、外科、耳鼻科のほか、泌尿器、循環器、腫瘍、口腔に関しても、すべて診察しなければなりません。勉強しなければならない範囲が広いことも大変なことのひとつです。それから、勤務時間が長く、平日にしか休みがとれないので、学生時代の友人たちとはなかなか会えません。

Q ふだんの生活で気をつけていることはありますか？

獣医学に関する論文や資料を読むようにしています。獣医学の研究分野は変化するのが早いので、つねに知識や情報を更新することが大切なんです。もともと読書が好きだったので、苦にはなりません。休みの日も、本を読んでいることが多いですね。

Q これからどんな仕事をしていきたいですか？

もう少し当院で働いて、さまざまな経験を積んだら、自分で病院を開業したいと考えています。今、動物病院は数が増えてきたこともあり、開業するのはむずかしいともいわれています。

しかし、これまでの経験を活かして、動物も飼い主もスタッフも、みんなの満足度が高い病院にするのが目標です。みんなのことを家族と同じように考え、幸せにできる獣医師になりたいんです。

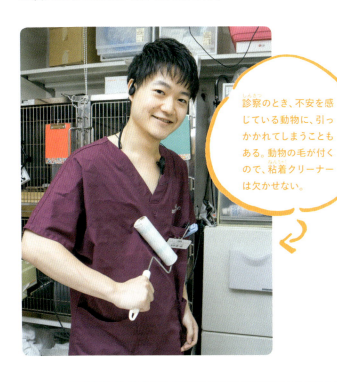

診察のとき、不安を感じている動物に、引っかかれてしまうこともある。動物の毛が付くので、粘着クリーナーは欠かせない。

スタッフとも積極的にコミュニケーションを取る。

獣医師になるには……

獣医師になるには、国家資格が必要です。獣医師養成課程のある大学に6年間通ったあと、試験に合格すると獣医師の資格があたえられます。しかし、獣医師系の大学は国公私立合わせても全国にわずか16校しかなく、獣医師になるのは、せまき門です。

資格の取得後は動物病院で勤務するほか、公務員になったり、農協や動物園に就職したりする人が多いです。

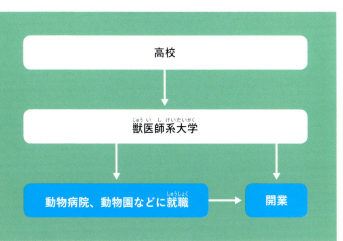

高校 → 獣医師系大学 → 動物病院、動物園などに就職 → 開業

Q 獣医師になるにはどんな力が必要ですか?

人と動物を思いやる心が必要です。診察の対象は言葉の話せない動物たちなので、できるだけ苦痛がないように処置をすることが求められます。また、飼い主の心によりそうことも大切です。ペットに必要な検査・治療を行うには、飼い主からの信頼がないとできません。

また、毎日の仕事がいそがしかったり、急患が来たりするので、何ごとにも落ちついて冷静に対応できるだけの高い技術が必要です。しかし、それはなかなかむずかしく、ぼくもまだまだ勉強中です。

犬や猫だけでなく、さまざまな動物が診療に訪れるので、はば広い知識が必要。

矢中さんの夢ルート

小学校 ▶ 医者
大好きな祖父の夢が医者だったため、自分がその夢をかなえようと思った。

▼

中学校・高校 ▶ 獣医師
ペットの猫が病気で亡くなったことをきっかけに獣医師になろうと決意する。文系科目の方が得意だったが、獣医師になるために理系の大学をめざす。

▼

大学 ▶ 獣医師
東京農工大学獣医学部に入学。病気の原因となる「コロナウイルス」を研究していた。

Q 中学生のとき、どんな子どもでしたか?

中学受験をして、中高一貫の私立学校に通っていました。バスケ部に所属し、週3〜4回の練習をしていたので、基本的には部活中心の生活でしたね。通学時間は電車で約1時間だったので、その間にいつも読書をしていました。読んでいたのはたいてい小説です。今でも実家にはそのころ読んだ小説が山積みになっています。

成績は、クラスの真ん中か、そのちょっと上くらいで、得意教科は英語と国語、生物。暗記する科目の方が得意で、苦手な教科は数学でした。

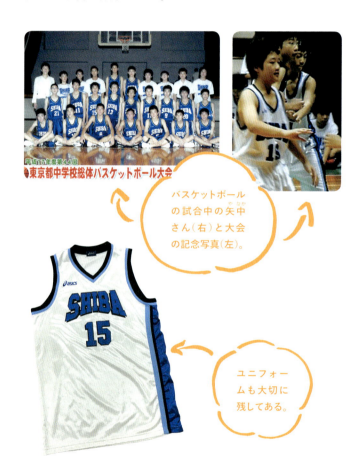

バスケットボールの試合中の矢中さん(右)と大会の記念写真(左)。

ユニフォームも大切に残してある。

Q 中学のときの職場体験は、どこに行きましたか?

ぼくが通っていた中学校では、職場体験という取り組みはありませんでしたが、アナウンサーとして仕事をするOB(同じ学校の卒業生)の話を聞く機会がありました。「いかに正確にわかりやすく情報を伝えるか」。それがアナウンサーにとって、もっともむずかしいところだと話していたことを覚えています。

Q OBの話を聞いて、どんな印象をもちましたか？

どんな職業であっても、情報を正確にわかりやすく伝えることは大切だと思いますが、アナウンサーはその中でも情報を伝えることのプロであると感じました。

動物病院の獣医師という職業も、飼い主に、ペットの状態、どんな治療が有効か、そしてどんなリスクがともなうのかをわかりやすく伝える必要があります。滑舌や話し方はアナウンサーにとうていおよびませんが、情報の正確さ、わかりやすさ、相手に合わせた伝え方をつねに意識して診察しています。中学生のときに感じたことが、今に活かされているのではないかと思いますね。

Q この仕事をめざすなら、今、何をすればいいですか？

まずは生き物を飼って、自分の手で育ててみてください。命の大切さや、生き物にもそれぞれ個性があるということがわかると思います。

また、獣医師は、飼い主とコミュニケーションを取ることが大切です。ふだんからいろいろな人と会話をしてください。敬語も正しく使えるようにしておくとよいですね。

本もたくさん読んでください。小説には、さまざまなタイプの人が登場し、感情のゆれ動きや心の葛藤などが描かれています。いろいろな考え方を知っておくことは、将来、人とコミュニケーションを取る上で大いに役に立つと思います。

問診ではわかりやすい説明を心がけている。

動物と飼い主の心に深くよりそうことが大切です

– 今できること –

ふだんの暮らし

獣医師系の大学は人気が高く、合格するのはとてもむずかしいです。さらに、入学してからも、獣医師になってからも、つねに最新医療について学びつづける姿勢が必要です。中学時代から、しっかり勉強して、学力をきたえ、「学ぶ楽しさ」を知りましょう。

獣医師は、命に関わる仕事です。責任感の強さと思いやりが求められます。クラスや委員会の仕事で一度引きうけたことは、最後までやりとげましょう。また、ふだんから友だちの気持ちを考えながら話をしましょう。

国語
獣医師は、学会で論文を発表することもあります。いろいろな分野の文章にふれて、語彙力と表現力を豊かにしましょう。また、人前で話す練習をしましょう。

理科
骨や筋肉、内臓の働きなど、動物のからだの仕組みについて勉強しましょう。具合の悪い動物の治療や手術をするときに役立ちます。

体育
夜勤や急患など、長時間働くこともめずらしくないため、体力が必要です。スポーツなどで、体をきたえましょう。

英語
最新医療を勉強するためには、海外で発表されている英語の論文を読むことが不可欠です。単語力、読解力を身につけましょう。

File No.59

動物保護団体職員
Animal Protection Organization Staff

犬と猫のためのライフボート
塩見まりえさん
入社12年目 31歳

犬や猫たちが
幸せをつかむ瞬間に
立ちあえることが
喜びです

動物保護団体は、飼い主の事情で捨てられるなどした犬や猫の世話をしながら、新しい飼い主を見つけるための活動をしています。塩見まりえさんは、NPO※「犬と猫のためのライフボート」で副理事長をつとめています。お話をうかがいました。

Q 動物保護団体職員の仕事とはどんなものですか？

　飼い主のいない犬や猫を一時的に保護し、動物たちの健康管理をしながら、新しい飼い主を探す仕事です。

　毎日、たくさんの犬や猫が、全国の保健所や動物愛護センターに持ちこまれています。しかし、保護できる期間には限りがあり、3日～1週間を過ぎると殺処分されてしまいます。1年間で5万5000頭をこえる犬や猫の命が、こうして失われているんです。

　動物保護団体は、保健所や動物愛護センターから犬や猫を引きとる組織です。わたしが働いている「犬と猫のためのライフボート」の施設内には付属の動物病院があり、シェルター（飼育保護施設）で暮らす動物の治療やワクチン接種、去勢・避妊手術のほか、一般の方が保護した犬や猫の外来診療を行っています。

　また、保護した犬や猫と新しい飼い主との出会いの場となる「譲渡会」を開催したり、引きわたしたあとに飼い主からの飼育相談にのったりすることも大切な仕事です。

WEBサイトの更新も塩見さんの仕事。理事長の稲葉さん（右）と相談しながら内容をまとめる。

数か月に1度行われる譲渡会のようす。来場者に犬や猫の性格や注意点などを伝える。

Q どんなところがやりがいなのですか？

　犬や猫たちが幸せをつかむ瞬間に立ちあえることが、いちばんの喜びです。保健所から保護したときはガリガリにやせていた子が、ふっくらとした健康体になったり、いつもおびえていた子が人なつこくなって、優しい飼い主と出会ったりするのを見ると、「新しいおうちでたっぷり愛されて、幸せになるんだよ」と、心の底からうれしい気持ちになります。

　また、1日でも早く飼い主が見つかるように、ホームページに犬や猫の写真を掲載し、長所や個性などのプロフィールを書いているのですが、「ホームページを見て気になったから」と面会に訪れ、引きとってもらえたときなども、やりがいを感じますね。

WEBサイト用に撮影。「動きまわるので大変ですが、かわいく撮れるようにがんばっています」

塩見さんの1日

- 09:00　出勤。犬や猫に声をかけて回る
- ▼
- 10:00　メールチェック、事務作業
- ▼
- 12:00　ランチ
- ▼
- 13:00　犬や猫の写真撮影
- ▼
- 13:30　引き取り希望の面会者の案内、事務作業
- ▼
- 15:00　保健所へ行き、動物の引き取りをする
- ▼
- 18:30　事務所にもどる。飼育担当者に引き継ぎ
- ▼
- 18:45　事務作業、WEBサイトの更新など
- ▼
- 21:00　帰宅

用語　※NPO ⇒利益を求めずに、社会問題に取りくむ民間の組織のこと。

Q 仕事をする上で、大事にしていることは何ですか？

命をあずかるという、責任のある仕事なので、物事を簡単に判断せず、一度決めたことでも自分が納得するまで考え、行動するようにしています。

例えば、せっかく新しい飼い主のところへ行っても、さまざまな事情でまたもどってきてしまう子もいます。そのときはただ「わかりました」と対応するのでなく、飼えなくなってしまった理由をきちんと聞きます。こちらで何らかのサポートをしたり、提案したりすることによって、問題解決につながる場合もあるからです。

Q なぜこの仕事をめざしたのですか？

中学3年生のとき、学校の校庭で、1匹の子猫が2羽のカラスにおそわれているところを目撃したんです。「子猫を助けなきゃ！」と駆けよって、だっこして部活にもどり、子猫を飼える人がいないか探しましたが、だれもいませんでした。そこで母に泣きながら頼みこみ、三毛猫の「ダヤン」はわが家の一員となりました。

このできごとがきっかけで、動物保護の仕事に興味をもつようになりました。猫だけでなく、犬のことも知りたいと考え、高校卒業後はドッグトレーナーを養成する専門学校で勉強し、卒業後にライフボートの職員として採用されました。

塩見家のペットの「ダヤン」。現在は16歳。

「犬の世話の仕方は、専門学校で身につけました」と塩見さん。

飼い主募集中の犬や猫を紹介するカードは塩見さんの手づくり。1頭ずつ性別や性格の特徴、かわいいところを書いている。

Q 今までにどんな仕事をしましたか？

職員になって1年目は、猫の飼育管理スタッフとして、猫舎のそうじ、洗濯、洗い物、エサやりを任されました。2〜6年目までは、犬の飼育管理スタッフになり、猫のときと同じようにそうじや世話に明けくれる日々でした。

7年目からは現在と同じ、副理事長の仕事と、飼育管理スタッフのまとめ役を任されています。車で犬や猫を保健所に引きとりに行く仕事が、いちばん体力や気力を使います。遠いところでは車で往復12時間の道のりを、ほかのスタッフと交代で運転し、多いときは一度に30頭の犬や猫をシェルターに連れて帰ります。

Q 仕事をする上で、むずかしいと感じる部分はどこですか？

「人と話すのが苦手だから、動物相手に働きたい」という理由で、この仕事を選ぶ人がけっこういます。じつはわたしも小さいころから人見知りで、この仕事なら人と話さなくてすむだろうと思っていました。でも、仕事を始めて、それはまちがいだったことに気がつきました。スタッフ同士の話し合いや保健所の職員とのやりとり、飼い主への対応など、多くの場面でコミュニケーション能力が求められる仕事だったんです。慣れるまでは時間がかかりましたが、ひとつひとつの出会いや会話を大切にしようと心がけ、苦手を克服することができました。

あと、正直に言うと金銭面はあまり期待できません。夜おそくなることが多く体力も必要なので、「動物を助けたい」という強い気持ちがないと続かない仕事だと思います。

・カメラ・

・会社の自動車・

・作業着・

PICKUP ITEM

毎日のように一眼レフカメラで犬や猫の姿を撮影（上）。各地の保健所に犬や猫を引きとりに行くときは会社の自動車で行く（中）。犬や猫の世話をするときには、ポケットが多くて機能的な専門学校時代の作業着が役立っている（下）。

Q ふだんの生活で気をつけていることはありますか？

ふしぎなことに、この仕事をするようになってから、通勤の途中や休日に、のら猫を拾ったり、迷い犬を保護したりする機会が増えたんです。だから、車の中には保護用のケージを積み、バッグの中にペットフードやリードを用意して、いつ動物に出会ってもいいように準備しています。

いつでも車に積んであるケージとキャリーケース。

Q これからどんな仕事をしていきたいですか？

保護活動の目的は、殺処分をゼロにすることです。しかし、たとえゼロになったとしても、飼い主が引っこしたり、高齢になってペットを飼えなくなったりと新たな事情でペットが手放される可能性があります。社会や時代に合わせて活動の方向性を考えていくのも、これからの課題です。

また、わたしはスタッフをまとめる立場なので、みんながもっと楽しく仕事ができるために何をするべきかを考えていく必要があると思っています。

動物保護団体職員になるには……

動物保護団体は、公益団体などの大きな組織から小さなボランティア団体まで、全国にいくつもあります。動物保護団体で働くのに、とくに必要な資格や技術はありませんが、動物の専門学校などで専門知識を学んでおくと、仕事をするときに役に立ちます。正規職員としてだけでなく、アルバイトやボランティアとしてこの仕事に関わる人も多いです。

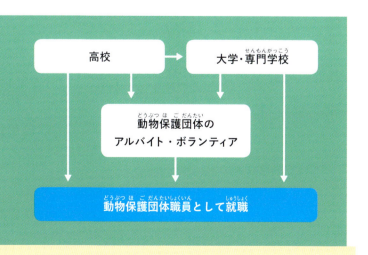

Q 動物保護団体職員になるにはどんな力が必要ですか？

まずは、犬や猫についてよく知ることです。「好き」「かわいい」というだけでなく、種類、飼い方、エサ、からだの特徴など、きちんとした知識をもっていることが求められます。保健所に持ちこまれる動物たちはひどい環境にいた子が多く、病気や寄生虫におかされている子や、飢えてやせている子も少なくありません。この子たちを救うには、熱意だけでなく、確かな知識と経験が必要だと実感しています。

また、コミュニケーション能力も必須です。一度引きとられた犬や猫が飼い主の事情で「やっぱり飼えない」ともどってくることもあります。できるだけそうならないためにも、飼い主になりたいと希望する人とじっくり話して、相手の情報を引きだすことが大切です。犬や猫が幸せに暮らせるように、「本当にこの人で大丈夫か」を見極める必要があります。

Q 中学生のとき、どんな子どもでしたか？

小さいころから人見知りで、多くの人の中で過ごすより、ひとりで本を読んでいるほうが好きでした。中学では、吹奏楽部に入りましたが、団体行動はやっぱり苦手でしたね。

得意科目は国語や社会ですが、理数系もバランスよくできる方でした。でも、どうしても苦手だったのが英語と体育です。動物が好きなので「獣医師になりたい」と思った時期もありましたが、獣医師になるには英語ができなければむずかしいということを知り、その夢はあきらめました。

今になってみると、やっぱり英語を勉強しておけばよかったと思います。ときどきシェルターに、引き取り希望の外国の方が訪れます。英会話の得意なスタッフに対応してもらっていますが、英語が話せたら、また仕事のはばが広がったのではないかと思います。

塩見さんの夢ルート

- **小学校 ▶ 獣医師**
  小さいころから動物が大好き。獣医師になりたくさんの動物を助けたいと思っていた。

- **中学1〜2年生 ▶ 図書館司書か本屋の店員**
  人見知りで、いつもひとりで本を読んでいた。たくさんの本に囲まれる仕事にあこがれた。

- **中学3年生・高校 ▶ 動物保護の仕事**
  校庭で猫を助けたことをきっかけに、多くの動物を助ける仕事がしたいと思う。ドッグトレーナーを養成する専門学校へ進学。

- **専門学校 ▶ 動物保護団体の職員**
  ライフボートの保護活動に興味をもつ。一般的な職業に比べ、給料が安く、残業や休日出勤も多い仕事だと理解した上で、これが自分のやりたい仕事だと決意する。

吹奏楽部でホルンを吹いていた中学時代の塩見さん。写真はコンクールに出場したときのもの。

本が大好きだった塩見さん。赤川次郎の世界観に心ひかれ、愛読していた。

Q 中学のときの職場体験は、どこに行きましたか？

中学3年生のときに、クラスの4人で信用金庫に行きました。たった半日だったので、体験というより、仕事見学という感じでしたね。「札束にふれられるかも」という好奇心で選んだのですが、実際にさわったのは、お札を数える練習をするための紙の束でした。

でも、ふだんはあまり見られない、信用金庫内の大きな金庫や、小銭の自動仕分け計算機を間近で見せてもらって、ドキドキしました。

体験の記念に貯金箱をもらったので、ずっとコツコツ貯めていたんですよ。15年経った今、ようやく満タンになったので開けてみたら、2万7000円くらい貯まっていました。

Q この仕事をめざすなら、今、何をすればいいですか？

動物保護団体職員になると、まず、そうじやエサやり、洗濯など、犬や猫のお世話をする仕事からスタートします。地味な仕事ですが、動物たちが快適に、安心して暮らすためにはどれも大切な仕事です。家で犬や猫を飼っている人は、その子のお世話をていねいにすることから始めましょう。

「動物が好き」という理由でこの仕事をめざす人は多いかもしれませんが、ここでの仕事はペットを飼うのとはちがいます。生きのびてもらうために全力で仕事をすることが、わたしたちの使命です。「動物を助けたい」という信念をつらぬくことが、何よりも大切なのではないかと思います。

Q 職場体験では、どんな印象をもちましたか？

職員がお金のあつかいや書類にものすごく気をつかっていたり、金庫を開けるのにも2人か3人のカギがないと開かないほど厳重に管理したりするのを見て、仕事に対する強い責任を感じました。お客さんからの信用を大事にしていることが伝わってきましたね。

この体験のあと、父の仕事にも興味をもつようになり、職場のことをいろいろたずねた記憶があります。

目の前にある命を明日へとつなげていきたい

- 今できること -

ふだんの暮らし

動物保護団体が活動するいちばんの目的は、捨てられ、命をうばわれてしまうペットを少しでも減らすため、飼い主に正しい知識を広めることです。動物に関する知識を身につけることはもちろん、それを人に伝えていく力が必要となります。ふだんから仲のよい友人だけでなく、部活の先輩や後輩、先生など、いろいろな人とコミュニケーションを取るようにしましょう。そして、自分の意見をきちんと言えるように練習をしておくことをおすすめします。

 国語 事情によりペットを手放そうとしていた飼い主が、話し合いにより考えを変えることもあります。文学作品などでいろいろな人の感情にふれておくことは、コミュニケーションを取る上でも役に立ちます。

 社会 動物保護の活動を続けるためには、動物が安心して暮らせる設備を整えたり、治療をしたりするなど、とてもお金がかかります。経済や経営の勉強をすることで、お金の流れや会社の運営の仕方がわかります。

 理科 動物の飼育をする上で、動物の生態を知っておくことは重要です。各部の構造や働きについて、基礎的な知識を身につけましょう。

File No.60

動物園飼育係
Zookeeper

よこはま動物園ズーラシア
青栁さなえさん
入職5年目 26歳

言葉は通じないけれど、確かな信頼関係がここにはあります

動物園で働く飼育係は、毎日動物の世話をするだけでなく、来園者に楽しんでもらえる展示の仕方を工夫したり、絶滅の危機にある動物の保護をしたりする仕事です。よこはま動物園ズーラシアで働く青栁さなえさんにお話をうかがいました。

Q 動物園飼育係とはどんな仕事ですか？

動物の健康管理と飼育展示がおもな仕事です。毎日、エサやりや、うんちの片付けなどをして、動物が暮らしやすいように世話をしています。また、動物のすごい能力や、魅力をわかりやすく伝える展示をしたり、ショーを開催したりして、来園したお客さまに楽しんでもらえるよう工夫をします。

絶滅の危機にある動物の命をつないでいくことも大切な仕事です。そのために、オスとメスの相性を考えてカップルにし、生まれてきた子どもが健康に成長できるように世話をします。

ほかには、動物の生態に関する調査や研究を行ったり、子どもたちが動物の命の大切さを学ぶための教室を開いたりするのも飼育係の仕事です。

獣舎（動物の部屋）の中は毎日ブラシでそうじをして、清潔にしている。

ピグミーゴートという小型のヤギにエサやり。

イベントなどで子どもたちとふれあう機会は多い。

Q どんなところがやりがいなのですか？

毎日が勉強なのですが、新たな知識を得ることは楽しいし、やりがいを感じています。例えば鳥の能力を披露するバードショーでは、自分の腕を水平に保ち、鳥を安定してのせることが基本です。最初は、水を入れた紙コップを腕にのせ、水をこぼさず保てるように練習するのですが、そのおかげで鳥をのせられるようになったときは、思わずガッツポーズしました。そんなふうに、日々できることが増えていくのはうれしいですね。また、お客さまも毎日ちがうので、いろいろな反応が見られるのも楽しいです。

バードショーの鳥は、たった10gの変化で飛ばなくなってしまうことがあるので、毎日の体重測定は欠かせない。

青柳さんの1日

- 08:15 出社
- 08:30 ミーティングで1日の流れを確認
- 09:00 鳥の体重測定、エサづくり、そうじ
- 10:00 インコのフライト練習　ヤギのふれあいイベント
- 11:15 ショーの準備
- 11:30 ショー開始
- 12:00 ランチ
- 13:30 ショーの準備
- 14:00 ショー開始。ヤギのふれあいイベント
- 15:00 インコのフライト練習
- 16:00 飼育日報の記入
- 17:15 退社

Q 仕事をする上で、大事にしていることは何ですか？

動物と仲良くなることです。動物たちは、「今日はだれが世話してくれるのかな？」「あの人は最近入った新人だな」と飼育係をちゃんと見分けています。おたがいの信頼関係がきちんとできていなければ、毎朝の体重測定やバードショーでわたしが指示を出しても、言うことを聞いてくれません。毎朝必ず、動物たちに「おはよう！」とあいさつをし、彼らのようすや体調に変化はないかを確認することから1日が始まります。

また、野生動物を相手にするので、油断すると、するどいツメやキバで手足を傷つけられることもあります。動物たちと仲良くなるのは大事なことですが、そのいっぽうで「こわい」と思う気持ちも大切です。信頼関係ができても、すきを見せず、よい緊張感を保つことが事故を防ぐことにつながります。

飼育日報

PICKUP ITEM

その日の飼育担当者が変わっても、小さな変化に気づけるように、飼育係どうしで動物たちの情報を共有。毎日体重やエサの量など細かく記録をつけている。

写真のダルマワシのほか、タカやフクロウはツメやクチバシがするどく、厚いグローブをしなくてはいけない。「最初はこわかったし、腕があざだらけでした」と青柳さん。

Q なぜこの仕事をめざしたのですか？

小さいころから、たくさんの動物に囲まれて育ちました。実家で犬や猫、モンシロチョウなどの世話をしていました。小学3年生のとき、理科の授業でメダカを飼っていたのですが、クラスの中で、わたしのメダカだけが卵を産み、たくさんの赤ちゃんが生まれました。目の前で命が誕生したことに感動し、本当にうれしかったことを覚えています。

また、高校3年生のとき、地元の観光牧場でインターンシップ※を募集していることを知り、参加しました。このときも、ウシの赤ちゃんが誕生する瞬間に立ちあえたことで、ひとつの命が誕生するすばらしさに感激しました。

自分はやっぱり動物が好きだ、動物と深く関わっていける飼育係になりたいと意識するようになりました。

Q 仕事をする上で、むずかしいと感じる部分はどこですか？

動物たちの死に直面するときです。大事に世話をしていたレッサーパンダが死んだときは、本当に悲しかったですね。

でも、悲しんでばかりはいられません。彼らの死をむだにしないためにも、獣医師さんの解剖で死因を調べます。飼育方法で改善できることを見つけるなど、今後に活かしていくことが大切なんです。

子どものころから生き物好き。祖母や両親も生き物が好きで、いつも動物に囲まれていた。

用語 ※インターンシップ⇒仕事の経験を積むために、期間限定で企業や組織で実際に働くこと。

Q 今までにどんな仕事をしましたか？

子ども向けの体験型講座や、園内のガイドツアーを企画・実施する仕事をしていました。その後、アムールヒョウの飼育係を経験し、現在は「アフリカのサバンナ」ゾーンでバードショーを担当しています。アフリカのサバンナゾーンには、ベニコンゴウインコやハリスホークなどの鳥、ピグミーゴートという小型のヤギがいます。

バードショーの鳥は頭がよく、人によって態度を変えることもあります。今は、毎日顔を合わせてエサをあげて、少しずつ信頼関係を築いている最中です。ショーの司会の練習にも、時間を見つけて取りくんでいます。

午前と午後の毎日2回、バードショーが行われる。写真の鳥は、上がヨウム、下がミミズク。

Q これからどんな仕事をしていきたいですか？

子ども向けの体験型講座をもっと企画したいです。本やテレビだけではわからない動物の生態を子どもたちに伝えて、動物に対して「もっと知りたい！」と興味や関心をもってもらえるよう、手助けをしたいと思います。

幼いころ、父といっしょに行った上野動物園で、ゾウのうんちの標本をさわったことがあるんです。そのときの衝撃とわくわくした気持ちは、今でも忘れられません。そのあと父に買ってもらった動物図鑑は今も大切な宝物で、ときどきながめています。

今の子どもたちにも、生き物に愛着をもってもらい、ぜひ心を成長させる機会にしてほしいですね。

Q ふだんの生活で気をつけていることはありますか？

飼育係は体力が必要な仕事なので、健康管理には気をつかっています。獣舎のそうじなどでひざや腰を曲げる機会も多く、飼育係の中には、腰痛もちの人も多いです。わたしも以前、指や手を使いすぎて、けんしょう炎になったことがありました。

だから休みの日には、きちんと休息をとり、好きなことをしています。お笑い番組を観て大笑いしたり、大好きな横浜ベイスターズの試合を観戦して大声で声援を送ったりして、心身ともにリフレッシュするようにしています。休日をしっかり楽しむことは、わたしにとって仕事への活力になっていますね。

動物園飼育係になるには……

飼育係になるのに特別な資格は必要ありませんが、動物の専門学校や農業・畜産系の大学出身者が中心です。おもな就職先としては都道府県や市町村が運営している公営動物園と、民間動物園の2種類があります。定期採用ではなく、欠員が出たときに募集をする動物園がほとんどなので、こまめに採用情報をチェックしましょう。まずはアルバイトで実績を積むのもひとつの方法です。

```
高校
 ↓
動物や農業・畜産系大学・専門学校
 ↓                    ↓
   動物園飼育係として就職
```

Q 動物園飼育係になるにはどんな力が必要ですか？

飼育係の仕事の大半は力仕事です。獣舎のそうじや、重たいエサを運ぶための体力が必要です。また、言葉の通じない動物が相手なので、動物のことがもっと知りたいという探究心や好奇心も大切だと思います。

英語をはじめとする外国語の能力が、今後ますます必要になると思います。近年、海外からのお客さまはどんどん増えていますし、動物を海外の動物園からゆずりうけることや、研究や調査で国際的な協力をあおぐ場面も多いです。海外の人と交流する機会はこれからも増えると思います。

そうじのために、重い鳥かごを持ちあげて運ぶこともある。

Q 中学生のとき、どんな子どもでしたか？

両親の影響で野球が好きになり、中学時代はソフトボール部でピッチャーをしていました。教科で得意だったのは、社会と理科。ノートをきれいにとることにこだわり、几帳面に書いていましたね。

中学3年生のときの担任は、生徒たちひとりひとりを理解してくれるすてきな先生だったので、卒業前の1年間、クラスで楽しい思い出をたくさんつくることができました。第一印象はあまりよくなかったんですが、先生はクラスの生徒全員と交換ノートをし、わたしたちの気がつかないところを見つけて言葉を書いてくれて、いつも心によりそってくれました。そんな先生がよく口にしていた言葉が「一期一会」です。先生からこの言葉を受けつぎ、わたしもひとつひとつの出会いを大切にしていきたいと思っています。

就職後、先生に「動物園の飼育係になりました」と報告しました。先生が「きみらしい仕事だね」と自分のことのように喜んでくれて、うれしかったです。

中学校の卒業式に、大好きな担任の先生と。今でも交流がある。

青柳さんの夢ルート

中学校 ▶ ウエディングプランナー／介護士
高齢者と関わる機会が多く、「お年寄りの役に立つ仕事がしたい」と思っていた。

▼

高校 ▶ 動物と関わる仕事
牧場で実際に働いてみて、動物に関わる仕事がしたいと強く思うようになった。

▼

専門学校 ▶ 飼育係
国際動物専門学校の飼育管理学科に進学。在学中はミニブタを飼育していた。

中学時代はソフトボール部に所属。副部長としてチームをまとめていた。

Q 中学のときの職場体験は、どこに行きましたか？

2年生のとき、高齢者の介護福祉施設の仕事を体験しました。わたしが住んでいたのは、お年寄りとの交流が多い地域で、なおかつ、祖父母といっしょに住んでいたので、ふだんから高齢者と接したり、話したりすることがわりと好きでした。将来は介護士になるのもいいかな、と思ったこともありました。

期間が1日だったので、多くのことはできませんでしたが、レクリエーションの時間におはじきやお手玉で入所者といっしょに遊んだり、部屋のそうじなどの作業をしました。

Q 職場体験では、どんな印象をもちましたか？

お話したり遊んだりするときは、自分のまわりのお年寄りと接するときと変わらないなぁと思いましたが、介護士さんたちが入所者のトイレやお風呂をサポートするようすを見たときは、大変な仕事だと実感しました。

また、入所者が今どうしたいのか、何を言いたいのか、すぐに気づいて行動する介護士さんたちの臨機応変な対応力にもおどろきました。この体験を通して、介護の仕事や人と関わる仕事に、より興味をもつようになりました。

Q この仕事をめざすなら、今、何をすればいいですか？

飼育係は「動物が好き」という気持ちだけでつとまる仕事ではありません。動物飼育の知識が必要なのはもちろんですが、お客さまに説明したり、スタッフと情報を共有したりと、つねに人とのコミュニケーションが必要とされます。

とくに、スタッフとのチームワークは欠かせません。今のバードショーのチームメンバーは、みんな仲がよく、何でも相談できる仲間たちです。ひとりの力ではできないことも、みんなの力が集まればできることがたくさんあります。

ぜひみなさんも、まわりの人に興味をもち、コミュニケーションを取って、信頼できる仲間をたくさんつくってください。

「好きだけではつとまらない だけど好きじゃないと続かない」

－ 今できること －

ふだんの暮らし

ウサギやニワトリなど、学校で動物を飼育している場合、積極的に世話をしましょう。毎日動物にふれることで、動物の生態や健康管理の方法などを学ぶことができます。自宅で生き物を飼うのもおすすめです。

動物園の飼育係は、募集自体がとても少ないのが現状です。募集があれば全国の動物園どこにでも行くという気持ちが必要です。近所の動物園はもちろん、旅行先でも積極的にその土地の動物園に足を運び、情報収集を心がけましょう。

 国語
ショーの司会や来園者への案内など、話す機会が多い仕事です。語彙力や表現力を養いましょう。

 理科
命をあずかる、責任ある仕事です。動物の体調の変化にすぐ気づけるよう、生態について勉強しましょう。

 体育
飼育係の仕事は肉体労働です。そうじや重い荷物を運ぶことも多いので、体力をつけましょう。

 家庭科
動物園では、動物たちに栄養バランスを考えたエサを毎日あたえる必要があります。食材に含まれる栄養素の基礎的な知識を身につけましょう。

 英語
最近は多くの外国人旅行者が訪れます。英会話を学んでおくと、コミュニケーションを取る上で役立ちます。

仕事のつながりがわかる
動物の仕事 関連マップ

動物と社会との関わり

ここまで紹介した動物の仕事が、それぞれどう関連しているのか、動物と社会との関わりを例に見てみましょう。

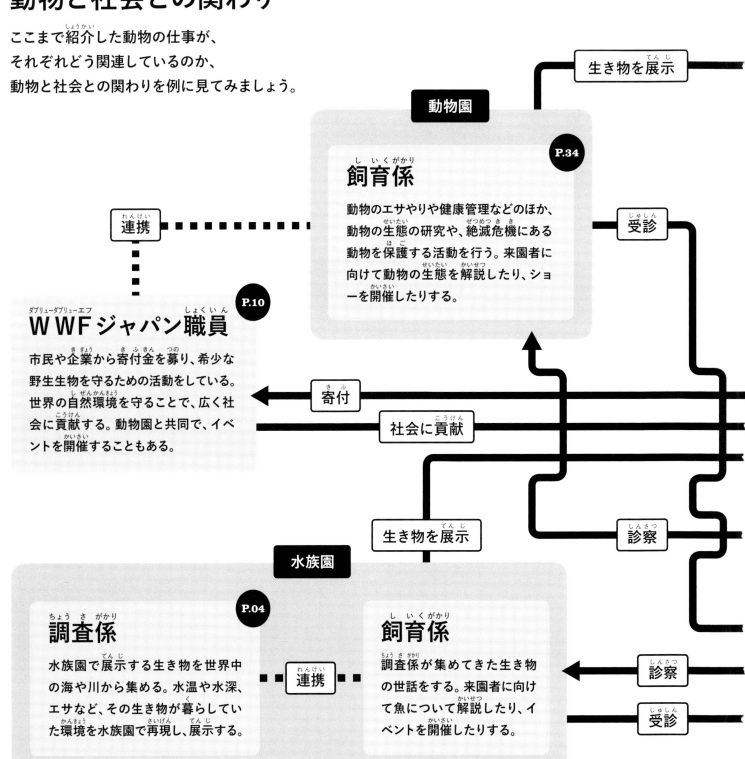

※このページの内容は一例です。会社によって、仕事の分担や、役職名は大きく異なります。

※この本に登場する葛西臨海水族園では専門の仕事として調査係がありますが、ほかの水族館では飼育係と兼任になっていることが多いです。

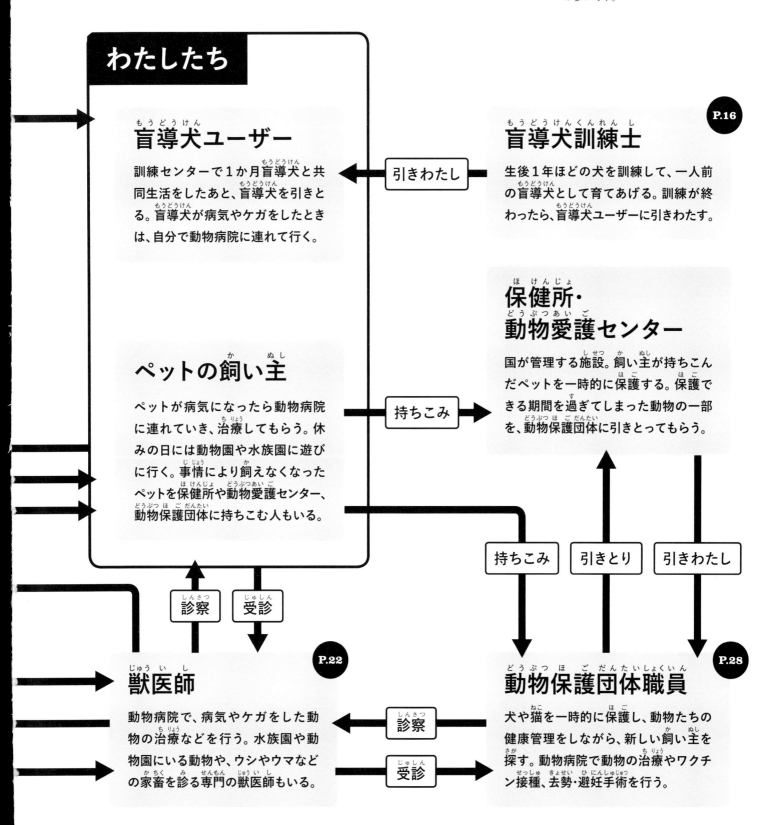

これからのキャリア教育に必要な視点 11
環境から生き物について考える

▶ 自然界はバランスで成りたっている

　少子化の続く日本では、15歳未満の子どもの数より、家で飼われているペットの数の方が多いことがわかっています。その結果、いまやペットに関連した仕事は一大産業となっています。しかも、海外のめずらしい昆虫や魚、爬虫類なども飼育の対象になっています。

　また、動物園では、海外から来ためずらしい動物たちが人気を集めています。とくに、2017年には上野動物園にジャイアントパンダの赤ちゃん「シャンシャン」が誕生し、たくさんの観覧希望者が全国から訪れています。みなさんもご存じのとおり、ジャイアントパンダはもともと日本に生息していたわけではなく、共同研究のために中国の保護センターから日本の動物園に提供されています。

　このように、たくさんの生き物が海外から日本に入って来ています。だからこそ、動物をあつかう仕事を志す上で、忘れてならないのは環境について考えることです。動物を飼育するための技術や知識だけに目を向けるのではなく、もっと広い視点で考える必要があります。

　ほかの地域から移動してきたり、持ちこまれたりした動植物を外来種、その地域に古くからすむものを在来種といいます。例えば、海外から輸入されたカメを飼っていた人が、途中で飼育することを止めて、近所の池や川に放したらどうなるでしょうか。もしかするとそのカメは、もともと池にすむ在来種の動植物を食べてしまうかもしれません。そうすると、その池の生態系は変わってしまう可能性があります。

　今や、世界中の人や物が国境をこえて行き来する時代です。その際に、ヒアリやセアカゴケグモなどの人間に害をおよぼす危険な生き物が荷物にまぎれこみ、日本に入ってきています。そして日本各地で発見されています。反対に、日本の在来種であるマメコガネ（コガネムシ科に分類される甲虫）が、アメリカやヨーロッパで大繁殖してしまい、農家に多大な被害をもたらしています。

　自然界は生き物と環境のバランスで成りたっています。

外来種によって引きおこされる問題

捕食	在来種の動物や植物を外来種が食べてしまう。
競合	似たえさを食べる在来種や似た環境で生きる在来種から食べ物やすみかをうばってしまう。
交雑	近い種との間で交配が行われて、雑種が生まれてしまう。 それが原因で、在来種が減ってしまったり、病気にかかりやすいものが生まれたりする。
感染	外来種が、その地域には存在しなかった病気や人のからだに寄生する生き物を持ちこんでしまう。

外来種は、ペットや家畜として意図的に持ちこまれる場合もあれば、人や物が移動するとき、知らないうちに国内へ入ってしまう場合もある。

参考：『侵略的外来種が引き起こす主な問題』WWFジャパン

外来種であるミシシッピアカミミガメ(左)は、1950年代に輸入が始まり、1960年代後半には、野生化したものが見つかるようになった。セアカゴケグモ(右)は、1995年に、建築資材などに紛れこみ、日本国内へ入ったといわれている。神経毒をもっている。メスは人をかむこともあり、海外では死亡例も報告されている。

それぞれを切りはなして考えることはできませんし、環境について考えることは、地球上で人間と動物たちが共生する未来を考えることなのです。動物をあつかう仕事に就く人には、環境に対する配慮と、高いモラルがこれまで以上に求められるのです。

▶ ボルネオ島の森林伐採と日本との関係

この本ではＷＷＦという、世界100か国以上で活動している環境保全団体の職員を紹介しています。彼は絶滅のおそれがあるオランウータンやゾウを守るために、その生息地であるボルネオ島の森の保存に力をつくしています。ところが、森林はどんどん伐採されています。その理由のひとつは、アブラヤシを栽培する農園をつくるためです。そして、アブラヤシの果実から得られるパーム油は、日本にも大量に輸入され、消費されているのです。つまり、地球のはるか遠くのできごとが、じつは日本人にもつながっていて、気づかないうちに、森林伐採に協力してしまっている可能性があるのです。このように環境について考えるヒントは日常生活の中にもあります。環境を守っていくには、わたしたちの行動を見直していく必要もあるのだということです。

▶ 環境への意識の高さが求められる時代

イタリアの高級ブランドの「グッチ」は、2018年からミンクなど6種の動物の毛皮をバッグやコートなどの製品に使用しないと発表しました。企業も地球環境や動物の保護などのテーマを無視できなくなり、環境への意識の高さが、ブランドのイメージを高める時代になりつつあります。

これからはキャリア教育でも、環境保全に対する意識を高めることが求められていくでしょう。そのためにも、自分の身のまわりの動植物に興味をもつことから始めて、自分の行動が、世界の環境問題につながっているのだということを知ってほしいと思います。

PROFILE

玉置 崇 (たまおき たかし)

岐阜聖徳学園大学教育学部教授。
愛知県小牧市の小学校を皮切りに、愛知教育大学附属名古屋中学校や小牧市立小牧中学校管理職、愛知県教育委員会海部教育事務所所長、小牧中学校校長などを経て、2015年4月から現職。数学の授業名人として知られる一方、ICT活用の分野でも手腕を発揮し、小牧市の情報環境を整備するとともに、教育システムの開発にも関わる。
文部科学省「校務におけるICT活用促進事業」事業検討委員会座長をつとめる。

構成　林孝美

さくいん

あ
- 移動水族館 ……………………………………… 6
- 犬と猫のためのライフボート ……… 28、29、30、32
- インターンシップ ……………………………… 36
- FSC®認証 ……………………………………… 11、15

か
- ガイドツアー …………………………………… 37
- 外来種 ………………………………………… 42、43
- 学芸員 ………………………………………… 6、7
- 活魚トラック …………………………………… 5
- 環境破壊 ……………………………………… 10
- 教育普及係 …………………………………… 6
- 公営動物園 …………………………………… 37
- 国際動物専門学校 …………………………… 38
- 国際盲導犬連盟（IGDF） …………………… 18

さ
- 殺処分 ………………………………………… 29、31
- 飼育係 ……………… 5、7、8、21、34、35、36、37、38、39、40
- 飼育管理学科 ………………………………… 38
- 飼育展示 ……………………………………… 35
- 飼育日報 ……………………………………… 35、36
- シェルター（飼育保護施設） ………………… 29、32
- 視覚障がい者 ……………………… 16、17、20、21
- 自然環境 …………………………………… 11、13、40
- 自然保護 …………………………………… 11、13、14
- 獣医学（獣医学部） ………………………… 14、25、26
- 獣医師 ……………… 20、22、23、24、25、26、27、32、36、41
- 譲渡会 ………………………………………… 29
- 職場体験 ……………………… 8、9、15、21、26、33、39
- 森林再生活動 ………………………………… 12
- 森林破壊 ……………………………………… 12、14
- 森林保全 ……………………………………… 10、11

た
- 水族園調査係 ……………………… 4、5、7、8、40
- 生物学 …………………………………… 6、8、12、14
- 絶滅 ……………………………… 10、12、13、34、35、40、43
- WWFジャパン職員 ……………… 10、11、13、14、15、40
- 動物愛護センター …………………………… 29、41
- 動物園飼育係 ……………… 34、35、36、37、38、39、40
- 動物看護師 …………………………………… 24
- 動物病院 ……………………… 22、23、24、25、27、29、41
- 動物保護団体職員 ………………… 28、29、31、32、33、41
- ドッグトレーナー ……………………………… 30、32

な
- 日本盲導犬協会 …………………………… 16、18、19
- 日本盲導犬総合センター …………………… 18
- 認証マーク …………………………………… 15

は
- バードショー ……………………………… 35、36、37、39
- パーム油 ……………………………………… 11、12、43
- パピーウォーカー ……………………………… 18、20
- ビジターセンター ……………………………… 6
- 保健所 ……………………………… 29、30、31、32、41
- ボルネオオランウータン ……………………… 12
- ボルネオ島 ………………………… 10、11、12、13、14、43

ま
- 民間動物園 …………………………………… 37
- 盲導犬 ……………………………… 16、17、18、19、20、21、41
- 盲導犬訓練士 ……………………… 16、17、18、19、20、21、41
- 盲導犬訓練士学校 …………………………… 18、19
- 盲導犬歩行指導員 …………………………… 17、18
- 盲導犬ユーザー …………………… 16、17、18、19、20、21、41

や
- 野生動物（野生生物） ……………… 11、12、14、15、36、40

【取材協力】
葛西臨海水族園　https://www.tokyo-zoo.net/zoo/kasai/
WWFジャパン　https://www.wwf.or.jp/
公益財団法人日本盲導犬協会　https://www.moudouken.net/
関内どうぶつクリニック　http://yokohama-kac.com/
NPO法人 犬と猫のためのライフボート　https://www.lifeboatjapan.org/
よこはま動物園ズーラシア　https://www.hama-midorinokyokai.or.jp/zoo/zoorasia/

【写真協力】
葛西臨海水族園　p5、p6
WWFジャパン　p11、p12、p13、p14、p15
公益財団法人日本盲導犬協会　p17、p18、p20
NPO法人 犬と猫のためのライフボート　p29
PIXTA　p43

【解説】
玉置崇（岐阜聖徳学園大学教育学部教授）　p42-43

【装丁・本文デザイン】
アートディレクション／尾原史和・大鹿純平
デザイン／水野 咲・石田弓恵

【撮影】
平井伸造　p4-15、p22-39
板垣麻弓　p16-21

【執筆】
小川こころ　p4-15、p22-39
林孝美　p42-43

【企画・編集】
西塔香絵・渡部のり子（小峰書店）
常松心平・中根会美（オフィス303）

キャリア教育に活きる！
仕事ファイル11
動物の仕事

2018年 4 月 7 日　第 1 刷発行
2021年12月10日　第 3 刷発行

編　著　　小峰書店編集部
発行者　　小峰広一郎
発行所　　株式会社小峰書店
　　　　　〒162-0066 東京都新宿区市谷台町4-15
　　　　　TEL 03-3357-3521　FAX 03-3357-1027
　　　　　https://www.komineshoten.co.jp/
印　刷　　株式会社精興社
製　本　　株式会社松岳社

©Komineshoten
2018 Printed in Japan
NDC 366 44p 29×23cm
ISBN978-4-338-31804-4

乱丁・落丁本はお取り替えいたします。
本書の無断での複写（コピー）、上演、放送等の二次利用、翻案等は、著作権法上の例外を除き禁じられています。本書の電子データ化などの無断複製は著作権法上の例外を除き禁じられています。代行業者等の第三者による本書の電子的複製も認められておりません。

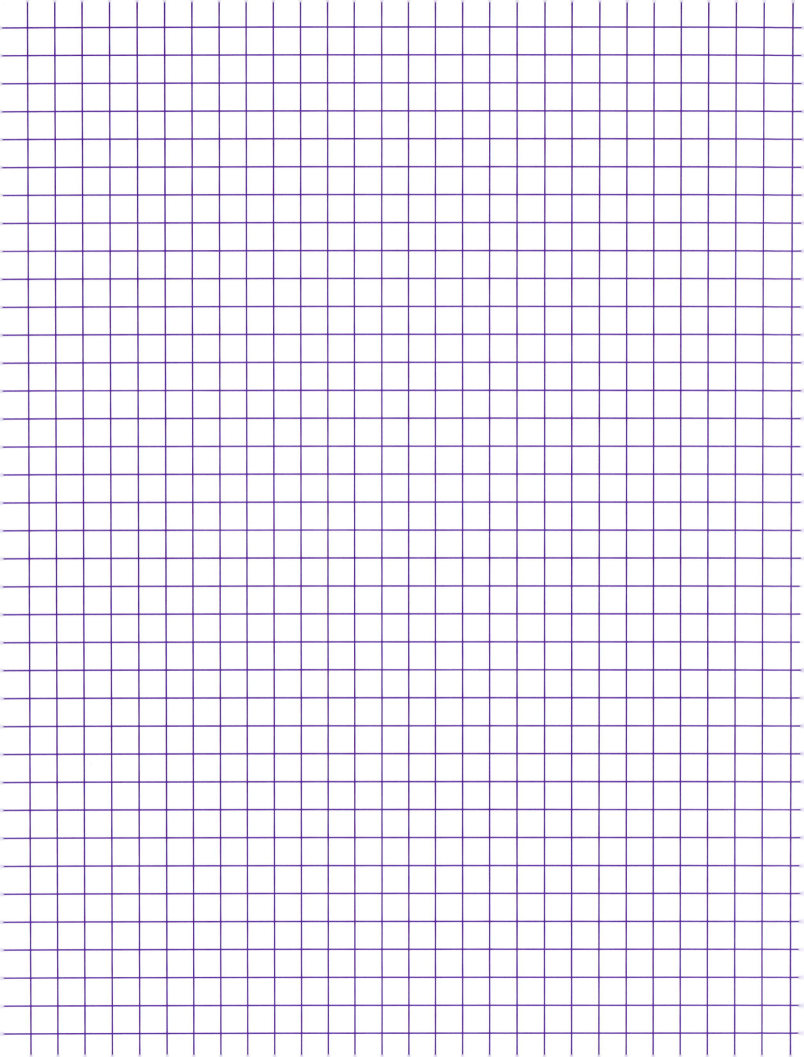